Prix : 0 fr. 60

Maurice BRAIBANT

Avocat au Tribunal civil de Laon

LA SACRISTIE

Lieu du Culte

LE CATÉCHISME

Exercice du Culte

LIBRAIRIE
DES SCIENCES POLITIQUES & SOCIALES
MARCEL RIVIÈRE
31, rue Jacob et 1, rue Saint-Benoît
PARIS (VIe)

Maurice **BRAIBANT**

Juge au Tribunal Civil de Laon

LA SACRISTIE

Lieu du Culte

LE CATECHISME

Exercice du Culte

LIBRAIRIE
DES SCIENCES POLITIQUES & SOCIALES
MARCEL RIVIÈRE
31, rue Jacob et 1, rue Saint-Benoît
PARIS (VIᵉ)

A

Monsieur DESSOYE

Député de la Haute-Marne

Président de la Ligue française de l'Enseignement

LA SACRISTIE

Est-elle un lieu où s'exerce habituellement le Culte ? Est-elle un lieu où le Culte s'exerce accidentellement quand un Prêtre y enseigne le Catéchisme ?

Le but de cette modeste étude est d'attirer l'attention du législateur, appelé à assurer par une loi nouvelle l'exécution de la loi scolaire de 1882, sur une question dont l'importance a échappé au législateur de 1905. Il s'agit de préciser si la Sacristie est un lieu où s'exerce habituellement le Culte, ou devient accidentellement un lieu où s'exerce le Culte quand un prêtre y fait le catéchisme. L'intérêt de la question repose en ceci que, si le législateur ne règle pas ce point spécial d'une façon précise, **rien ne sera plus simple pour le prêtre que de tourner la loi nouvelle en excitant à la désertion de l'école les enfants auxquels il enseignera le catéchisme dans la Sacristie.**

I

Relisons les textes de l'article 34 de la loi du 9 Décembre 1905 et de l'article unique du projet de loi soumis à la Chambre des Députés :

« Tout ministre du Culte qui, *dans les lieux où s'exerce le Culte*, aura publiquement, par des discours prononcés, des lectures faites, des écrits distribués ou des affiches apposées, outragé ou diffamé, etc.

(Loi du 9 Décembre 1905.— Article 34.)

« Si un discours prononcé ou un écrit affiché ou distribué publiquement dans le *lieu où s'exerce le Culte* contient une provocation directe à l'infraction prévue, etc. »

(Projet de loi sur les entraves apportées à l'application de la loi du 28 Mars 1882.)

Que doit-on entendre par les mots :

Lieu où s'exerce le Culte ?

Il semble qu'il faille distinguer deux sortes de lieux où s'exerce le Culte :

1° Ceux qui sont spécialement affectés au Culte, qui par des rites spéciaux sont *consacrés* au Culte;

2° Ceux dans lesquels le Culte s'exerce accidentellement.

Dans la première catégorie, nous rangerons les églises, les chapelles, *les sacristies* et tous les locaux employés, après déclaration préalable, à l'exercice du Culte ; dans la seconde, les lieux où un événement quelconque amène le prêtre à y exercer son ministère ; la jurisprudence a compris dans cette seconde catégorie même le cimetière lors d'un enterrement religieux, la rue dans laquelle passe une procession. (Décr. Cons. d'Etat, 10 Novemb. 1862 affaire Aldebert, Dalloz 63-5-107) Crim. req, 12 Août 1882. aff. Juramy, Dalloz (83-1-41).

Pourquoi rangeons-nous *la Sacristie* dans la première catégorie, dans celle qui comprend les lieux destinés spécialement, presque exclusivement, à l'exercice du Culte.

Parce que de tous temps, le Clergé a considéré la Sacristie comme partie intégrante de l'Eglise, *consacrée* en même temps que l'Eglise, jouissant des mêmes privilèges que l'Eglise, parce qu'aussi bien la législation administrative, la loi pénale et la jurisprudence ont assimilé complétement la Sacristie à l'Eglise.

La Sacristie est un lieu du Culte au point de vue liturgique.

Il résulte du Pontifical romain (*) texte officiel qui décrit les différentes cérémonies liturgiques auxquelles président les évêques ou archevêques (2e partie, de *ecclesiæ dedicatione seu consecratione*), que lors de la *consécration* d'une Eglise, l'aspersion s'étend à tous les murs formant l'enclos extérieur de l'édifice ; or la sacristie est comprise dans l'édifice, elle est donc consacrée comme le reste de l'édifice.

Dans le cas où une Eglise a été *profanée* (effusion de sang, meurtre, attentat aux mœurs, sépulture d'un excommunié, d'un hérétique ou d'un infidèle, consécration par un évêque excommunié) elle doit être fermée et ne peut être de nouveau affectée au Culte catholique qu'après avoir été *réconciliée*. La cérémonie de la *réconciliation* consiste principalement dans une aspersion par l'évêque diocésain avec un mélange d'eau, de cendres et de vin, des murs extérieurs de l'Eglise polluée.

(*) Promulgué par Clément VIII en 1596, revisé et réédité en 1644, par Urbain VIII, et en 1752 par Benoit XIV.

La Sacristie est donc encore comprise dans le bâtiment ainsi réconcilié. (*)

Les *sacristies* ne sauraient être considérées comme des lieux profanes puisqu'elles font *partie intégrante de l'Eglise*. D'ailleurs, selon l'usage des diocèses, on y remplit quelques fonctions telles que la cérémonie des relevailles, les bénédictions données à plusieurs objets. En quelques rites le célébrant y récite le *Judica* et y fait la confession avec ses ministres avant d'aller à l'autel. L'Evangile de la fin de la Messe commencé à l'autel, se termine, à Paris et ailleurs, dans la Sacristie ; on y administre aussi en certains cas solennellement le baptême. On est donc fondé au point de vue liturgique, à considérer la Sacristie comme un lieu consacré. D'ailleurs la nature même des objets qu'elle renferme (ciboires, calices, patènes, reliquaires, etc) suffirait à lui donner ce caractère (**).

On peut faire remarquer encore que c'est dans la Sacristie que s'accomplit solennellement et publiquement la signature des actes paroissiaux.

(*) Ces deux cérémonies de la consécration et de la réconciliation sont décrites dans le Pontifical romain.

Consécration.— «... *Aspergens (pontifex) cum ipsa aqua forinsecus parietes ecclesiæ, in superiori parte eorum* »…. «…. *iterum circuit (pontifex) ecclesiam… aspergendo parietes juxta fundamentum eorum….*» « *pontifex circuit tertio ecclesiam, aspergens exterius cum eadem aqua parietes in media parte eorum….* »

Réconciliation. — « *Pontifex aspergit cum ipsa aqua in circuitu deforis ecclesiam et cœmeterium simul, aspergendo aquam alternatim, nunc ad murum ecclesiæ, nunc ad terram cœmeterii…..* »

(**) Abbé Migne. — Encyclopédie théologique, Tome III, colonne 1119.

La Sacristie est un lieu du Culte au point de vue administratif.

Au point de vue administratif, la Sacristie est complétement assimilée à l'Eglise même.

Les édifices légalement consacrés aux Cultes faisant partie du domaine public de l'Etat ou des Communes sont inaliénables. Ils ne sont pas susceptibles de propriété privée tant qu'ils conservent leur destination, ils ne peuvent être l'objet ni d'une servitude ni d'un droit de mitoyenneté.

(Dalloz, Supplément, Cultes, n° 380).

La Sacristie rentre dans cette catégorie.

Cela ne saurait faire aucun doute et n'a jamais été contesté.

D'ailleurs, pour exproprier une Sacristie, il faut procéder comme pour exproprier une Eglise.

L'expropriation d'une Sacristie comme celle d'une Eglise doit être précédée de la formalité spéciale de la désaffectation. (Dalloz, Suppl. Cultes, n° 378). Lorsqu'un décret a déclaré d'utilité publique l'ouverture d'une voie de communication qui doit rencontrer sur son parcours un édifice consacré au Culte et nécessite la démolition d'une partie de l'édifice, ce décret ne peut recevoir son exécution en ce qui touche l'édifice religieux tant que les parties de l'édifice atteintes par le projet de voirie n'ont pas perdu le caractère de domanialité publique qui leur appartient, c'est-à-dire tant qu'un acte de désaffectation spéciale n'a pas fait disparaître l'indisponibilité qui les protège aussi bien au regard de l'administration qu'au regard des particuliers. En effet, cette indisponibilité a été établie par la Législation pour garantir la célébration du Culte considérée comme service public, tout au moins avant la Séparation des Eglises et de l'Etat. Il a été décidé à ce sujet que l'injonction faite par le Préfet et par le Ministre des Cultes à un Conseil de Fabrique de procéder à l'évacuation *de la Sacristie* de l'Eglise dans un délai déterminé à l'expiration duquel cette mesure recevra son exécution, constitue non une simple mise en demeure, mais une décision susceptible d'être déférée au Conseil d'Etat. (Conseil d'Etat, 21 Novembre 1884, Aff. du Cons. de Fabrique de Saint-Nicolas-des-Champs (D., P. 86. 3-49).

Il est donc indiscutable que, au point de vue du droit administratif, la Sacristie a toujours été considérée comme un lieu du Culte, jusqu'à la loi de 1905. En est-il de même au point de vue pénal ?

La Sacristie lieu du Culte sous le régime de la loi de Sacrilège. Sous le régime de la loi du 20 avril 1825, qui instituait le crime de sacrilège et qui fut abrogée par la loi du 11 octobre 1830, la jurisprudence de la Cour de Cassation a confirmé à la Sacristie le caractère de lieu du Culte, notamment en punissant comme sacrilège le vol d'objets consacrés commis la nuit avec escalade dans une *Sacristie*. Arrêt de la Cour de Cassation, Chambre criminelle, du 24 Décembre 1829. Dalloz, Répert. V° Cultes, page 472, n° 104 et notes.

Voici un «attendu» de cet arrêt qui fait connaître l'espèce : Affaire Ministère public contre Tissier : « Attendu que par la déclaration du Jury C. Tissier accusé, a été déclaré coupable d'avoir pendant la nuit du 28 au 29 juin dernier, soustrait frauduleusement à l'aide d'escalade et d'effraction extérieure dans la *sacristie* de l'Eglise du Couvent de Belle-Fontaine, commune de May et au préjudice des religieuses de ce monastère, un calice, etc. » Dans le titre 2e de la loi du 20 Avril 1825, le législateur assimilait aux maisons habitées les édifices consacrés aux Cultes légalement établis en France. Donc la sacristie était considérée comme lieu du Culte.

La loi du 20 Avril 1825 dans son article 3, reconnaît à la sacristie le caractère de lieu sacré. « Article 3. Il y a preuve légale de la consécration des ciboires ou de l'ostensoir enfermés dans le tabernacle de l'église ou dans celui *de la sacristie.* » Comment admettre que la sacristie puisse être considérée comme lieu profane alors que l'assimilation entre le tabernacle de l'Eglise et celui de la sacristie est aussi nettement établie ?

L'article 7 de la même loi disait :

« Seront compris au nombre des édifices énoncés dans l'article 381 du Code pénal les édifices consacrés à l'exercice de la religion catholique apostolique et romaine. » (*)

La Sacristie est un lieu du Culte au point de vue du Code pénal. — Le Code pénal a prévu, sous les articles 261 et 381, paragraphe 4, deux sortes de délits pouvant être commis dans les lieux consacrés au Culte.

Article 261 — L'article 261 du Code pénal, (**) sur lequel nous aurons à revenir au sujet du catéchisme, était ainsi conçu : « Ceux qui auront empêché, retardé ou interrompu les exercices d'un culte par des troubles ou désordres causés dans le temple ou autre lieu destiné ou servant actuellement à ces exercices seront punis, etc. »

La sacristie est-elle un des lieux visés par l'article 261. L'affirmative n'est pas douteuse.

Dans son Traité de l'Administration temporelle des paroisses, l'archevêque Affre s'exprime ainsi à ce sujet : « Dans un arrêt du 9 Octobre 1824, la Cour de cassation a considéré comme un trouble

---

(*) Voir aussi les articles 8, 9, 10 et 11 de la même loi.

(**) Abrogé par la loi de décembre 1905 (art. 32).

apporté à l'*exercice du Culte* et comme constituant
le délit prévu par l'article 261 du Code Pénal,
l'interruption apportée à la confession dans l'église
ou la *sacristie.* »

Block, dans son dictionnaire de droit administratif (4e édit. V° Culte catholique, n° 40, page
458) assimile aussi dans le même cas la Sacristie à
l'Eglise. « Cet article 261 s'applique aussi aux
troubles apportés à la confession dans l'Eglise ou
la Sacristie. »

Article 381 — L'article 381 du Code pénal
révisé par la loi du 13 Mai
1863, punit des travaux forcés à temps tout individu
coupable de vol commis avec deux des trois cir-
constances suivantes : 1° Si le vol a été commis
dans une maison habitée ou *dans un des édifices
consacrés aux Cultes* légalement établis en France ;
2° Si le vol a été commis la nuit ; 3° S'il a été
commis par 2 ou 3 personnes, et si, en outre, le
coupable ou l'un des coupables était porteur d'armes
apparentes ou cachées.

L'art. 381 est-il applicable dans le cas où le vol
est commis dans *une sacristie*, ce qui revient à dire la
sacristie est-elle considérée comme un lieu consacré
au culte dans le sens de la loi ?

Dalloz (supplément. — V° Cultes, p. 479, n° 55),
se prononce nettement pour l'affirmative.

Un auteur, qui ne saurait être suspect aux
adversaires de la loi projetée, M. Affre, archevêque
de Paris, que nous avons déjà cité, n'est pas moins
net à ce sujet : « Nous pensons, dit-il, en commentant l'art. 381 du Code Pénal à la page 298 de son
traité, nous pensons que la sacristie est un édifice
consacré au Culte, dans le sens de la loi ». (*)

(*) Affre. Traité de l'Administration temporelle des
paroisses. 11e édition revue par l'abbé Pelgé.

Tel était donc l'état de la question lorsque intervint la Séparation des Eglises et de l'Etat.

La Sacristie, lieu du culte sous le régime de la loi du 9 Décembre 1905. La loi du 9 Décembre 1905 a confirmé le principe que la sacristie est assimilable à l'église. L'art. 24 de cette loi décide que : « Les édifices affectés à l'exercice du Culte appartenant à l'Etat, aux départements ou aux communes continueront à être exempts de l'impôt foncier et de l'impôt des portes et fenêtres ». Or, c'est par application de cet article que les *sacristies* sont exemptées de cet impôt.

Lisons aussi l'article 26 de la même loi. « Il est interdit de tenir des réunions politiques dans les *locaux* servant *habituellement* à *l'exercice* du Culte ». Qui oserait soutenir que des réunions politiques pourraient impunément être tenues dans la sacristie ?

Il n'est donc pas douteux que antérieurement à la loi de 1905 la sacristie, partie intégrante de l'église, a toujours été considérée comme un lieu où s'exerce le Culte, tant au point de vue liturgique qu'au point de vue du droit pénal et du droit administratif et que la loi de 1905 n'a aucunement changé le caractère de lieu consacré de la sacristie. (Jugement du tribunal de Laon du 30 Juillet 1908. Ministère public contre l'abbé Waguet.)

II

Mais en ce qui concerne l'application de la loi projetée qui tend à punir l'excitation aux infractions à la loi d'obligation scolaire, une question se pose que nous devons examiner spécialement.

Admettons en effet que rejetant notre manière de voir, le Parlement ne veuille pas considérer la *sacristie* comme *lieu où s'exerce habituellement* le Culte, pourra-t-il décider que la loi nouvelle devra être appliquée lorsque, dans la sacristie, le prêtre, accomplissant un acte du Culte se rendra coupable du nouveau délit institué par cette loi ? Et, pour préciser encore la question, un prêtre, faisant le catéchisme dans la sacristie pourra-t-il impunément exciter les enfants à ne pas obéir aux prescriptions de la loi de 1882 sur l'obligation scolaire ?

Ce serait une manière facile et bien tentante de tourner la loi. Et quelle plus belle occasion d'agir sur l'esprit des enfants que celle offerte par le catéchisme ?

Le Catéchisme à la Chambre des Députés. Lors de la discussion d la loi de 1905, des choses fort intéressantes, mais un peu contradictoires furent dites au sujet du Catéchisme. Dans la séance du 19 Juin 1905, à la Chambre des Députés, interrompant M. Auffray qui parlait du Catéchisme, l'abbé Gayraud proclamait que « L'enseignement religieux est une partie du Culte ». Cette proposition était reprise et commentée par M. Jules Auffray. (*Journal officiel* du 20 Juin, page 2298. Séance du 19 Juin 1905, discussion de l'art. 17).

Dans la même Séance (ibidem) M. Cazeneuve déclarait que : « L'expression de service religieux implique évidemment l'instruction religieuse ». M. Jules Auffray poursuivait : « La jurisprudence du Conseil d'Etat a été invariable sur un point ; elle a depuis cent ans toujours admis les dons et legs, même pour fondations pour les *catéchismes de 1re Communion* ».

Ainsi lorsqu'il s'agit d'avantages à tirer de cette définition, il n'est pas douteux pour les défenseurs de l'Eglise que le *catéchisme de 1re commu-nion* fait partie du Culte, est *un exercice du Culte*.

Mais lorsqu'il s'agit d'éviter au clergé certains désagréments, l'attitude des adversaires de la loi change complètement. Sur ces mots de l'art. 23 de la loi : « Les réunions pour la célébration du Culte » M. Auffray et M. Gayraud, dans la séance du 22 Juin 1905, contredisent nettement les déclarations par eux faites dans la séance du 19 Juin. (*Journal officiel* du 23 Juin, page 2412........ 2e Séance du 22 Juin 1905).

M. Jules Auffray s'exprime ainsi :

« Pour les enfants, vous avez la série des exercices qu'on appelle le catéchisme en général et le catéchisme de première communion en particulier ; est-ce la célébration du Culte ?

(Dénégations sur divers bancs).

M. CHARLES BENOIST. — Mais non ! pas du tout !

M. COLLIARD. — C'est de l'enseignement.

M. GUSTAVE ROUANET. — Demandez à M. Gayraud, il vous répondra non !

M. GAYRAUD. — Non, ce n'est pas une cérémonie du Culte ; je suis d'accord sur ce point avec la Commission.

M. JULES AUFFRAY. — J'accepte très volontiers vos explications, seulement je crois nécessaire de faire préciser plutôt deux fois qu'une, tant la matière est délicate..........

M. JULES AUFFRAY. — M. le Rapporteur, il est donc bien entendu, n'est-ce pas, que tout ce qui concerne *l'instruction religieuse ne fera pas partie de la célébration du Culte*.

M. RIBOT. — Ne discutez pas cela ! c'est une affaire entendue.

M. JULES AUFFRAY. — Ce point est donc considéré comme acquis et je le tiens pour considérable.

C'est sur ce trait que la discussion semble se terminer. Mais M. Gayraud ayant demandé des-

-explications complémentaires, le mot catéchisme est de nouveau prononcé :

M. GAYRAUD. — Beaucoup d'entre vous savent sinon par eux-mêmes, du moins par des membres de leurs familles, savent qu'il y a dans les églises des réunions spéciales, par exemple des retraites, pour certaines catégories de personnes, pour des Confréries.

M. LE RAPPORTEUR. —Ce n'est pas la célébration du Culte !

M. PETITJEAN. — Et l'enseignement du catéchisme !

M. GAYRAUD. — Je suis monté à la tribune pour provoquer des explications.

M. BUISSON. — Président de la Commission. — Tout le monde est d'accord là-dessus.

Ainsi après qu'on a déclaré le 19 Juin que : « *l'Enseignement religieux est une partie du Culte*, on admet le 22 Juin que : *tout ce qui concerne l'instruction religieuse ne fera pas partie de la célébration du Culte.* »

Est-ce subtibilité ?

Est-ce contradiction ?

Aussi bien il nous semble que le président et le rapporteur de la Commission ont admis bien légèrement les dernières prétentions de MM. Auffray et Gayraud dans la séance du 22 Juin et n'ont pas compris le moins du monde l'importance de ce que si justement M. Auffray considérait comme « considérable ».

Le Catéchisme au Sénat en 1905. — Au Sénat, c'est à propos de l'art. 25 que la question du Catéchisme est soulevée et voici en quels termes s'exprime le Président de la Commission :

« Aujourd'hui les Eglises sont ouvertes à tout venant, non seulement pendant les *exercices* *accessoires*, comme le Catéchisme, les retraites, les réunions de mères chrétiennes, le catéchisme de persévérance, etc., etc. Il n'y a pas d'exemple qu'on soit venu troubler les cérémonies de cette nature. Demain, avec le régime de la Séparation, les églises resteront ouvertes, et si des troubles sont apportés à ce genre d'exercices, ils tomberont sous le coup de l'art. 32 (*) c'est-à-dire, ils seront réprimés ». (*Journal officiel* du 5 Décembre 1905, page 1672. Sénat. Séance du 4 Décembre 1905).

Cette déclaration laisserait croire que lorsque la question fut discutée au Sénat le catéchisme fut considéré comme un exercice du Culte, une cérémonie du Culte.

Il est à remarquer cependant que la déclaration du Président de la Commission fut faite au sujet d'un amendement à l'article 25 présenté par M. Bodinier et ainsi conçu : « A moins que ces réunions ne s'adressent à une catégorie spéciale de fidèles », que M. Bodinier avait demandé que les exercices du catéchisme fussent considérés comme non publics, et que le Président de la Commission lui avait répondu : « La Commission ne s'oppose pas à ce que l'article 25 soit interprété dans le sens de l'amendement de l'honorable M. Bodinier ».

Au Sénat donc, mêmes contradictions qu'à la Chambre des Députés.

Article 32. — Seront punis des mêmes peines ceux qui auront empêché, retardé ou interrompu les exercices d'un culte par des troubles ou désordres causés dans le local servant à ces exercices ». A qui fera-t-on croire que, en cas de trouble dans une sacristie, lors du catéchisme, le prêtre renoncerait au bénéfice de l'article 32 ?

Le Catéchisme est au point de vue liturgique un exercice du Culte.

Cependant avant la discussion de la loi de 1905, il n'y avait aucun doute sur ce point: la thèse adoptée par le clergé, par la doctrine et par la jurisprudence admettait le catéchisme comme un exercice religieux ou exercice du Culte.

Le clergé ou ses défenseurs seraient mal venus à réclamer contre une large application des mots : exercice du Culte, puisque lui-même quand il s'agissait de se faire protéger a cherché à leur donner une extension aussi grande que possible. Par exercices du culte, il faut entendre non-seulement les cérémonies liturgiques, mais tout ce qui fait partie du culte, telle était la doctrine du clergé.

Commentant l'art. 781 du Code de procédure civile qui décide que « le débiteur ne pourra être arrêté.... 3° dans les édifices consacrés au culte et pendant les exercices religieux seulement, M. Affre dans son traité de l'administration temporelle des paroisses, énumère ainsi les exercices religieux : « par exercices religieux il faut entendre les messes hautes et basses, le salut, le chant des vêpres, les instructions, *catéchisme*, prône, sermon et l'administration des sacrements ». (Affre, 11e édit. page 282). Cette énumération est d'ailleurs la reproduction textuelle de celle qu'on trouve aux pages 1037 et 1038 du Tome 1 du Dictionnaire alphabétique, théorique et pratique du Droit ecclésiastique, par André.

Le Catéchisme exercice du culte au point de vue du Code pénal ı Doctrine.

L'article 261 du Code pénal remplacé par l'article 32 de la loi de 1905 parlait aussi des exercices du Culte : « Ceux qui auront empêché, retardé ou interrompu les exercices du Culte ». Que doit-on entendre par ces mots de l'art. 261 « les exercices d'un Culte ? ». Nous avons vu l'énumération que fait de ces exercices l'archevêque Affre.

Fabreguettes, dans son traité des infractions de la parole. (Tome 1 n° 1201) les énumère à son tour : Le prêtre exerce le Culte (c'est-à-dire l'ensemble des pratiques et cérémonies religieuses) quand il célèbre les offices, parle en chaire, *enseigne le catéchisme*, fait un baptême, siège au tribunal de la pénitence en qualité de confesseur, conduit un enterrement, etc.

Gaudry, dans son traité de la législation des cultes (p. 277, n° 192) n'est pas moins net : « Les exercices du culte sont avant tout les cérémonies et les offices religieux célébrés par le clergé et avec le concours des fidèles. Mais on ne doit pas étendre à ces solennités les mots : « exercices du Culte ». Le prêtre exerce le culte quand il est au tribunal de la pénitence, quand il est en chaire, quand il *catéchise les enfants* ».

Même précision chez Dalloz et Blanche.

« L'expression exercice du Culte », employée dans les articles 261-262 du code pénal doit être entendue *lato sensu*. Elle comprend tous les exercices du culte, quels qu'ils soient (Dalloz répertoire V° Culte n° 93. Supplément V° Culte n° 43 page 477. Blanche, Études sur le Code Pénal, tome 4, n° 273 et 274).

La doctrine nous paraît donc nettement établie: elle considère le catéchisme comme un exercice du Culte.

Jurisprudence La jurisprudence ne laisse pas plus de doute. L'espèce citée par tous les auteurs qui se sont occupés de la question a fixé la jurisprudence d'une façon définitive jusqu'à la loi de 1905. C'est l'affaire Robart citée au Sirey 1827, 1re partie, page 508.

« La demoiselle Lelong assistant au catéchisme
que faisait dans l'église le desservant de la paroisse
avait été mise à genoux par forme de pénitence.
Le sieur Robart, parrain de la demoiselle Lelong,
qui se trouvait présent, fut prendre sa filleule par
le bras et l'emmena hors de l'église, malgré quelques représentations de la part du desservant. Pour
ce fait, le sieur Robart a été traduit devant le
tribunal correctionnel de Saint-Pol, comme prévenu
tout à la fois de troubles à *l'exercice du culte* catholique et d'outrages envers l'un de ses Ministres. Il
fut condamné à trois mois de prison et 30 francs
d'amende. Appel tant par Robart que par le
ministère public : celui-ci demande l'application de
la loi de 1825 sur le sacrilège. — 20 Avril 1827,
jugement du Tribunal de Saint-Omer. « Attendu
qu'il n'est pas suffisamment prouvé aux débats que
Robart se soit rendu coupable des faits consignés
en la plainte et notamment des faits qui caractéri-
seraient l'outrage à un ministre du culte dans
l'exercice de ses fonctions ;

» Mais attendu qu'il résulte des débats que Robart
a causé dans le temple, en enlevant sa filleule du lieu
où le desservant l'avait mise en punition, des troubles
qui ont interrompu le *catéchisme* et par conséquent
les *exercices du Culte* ; attendu qu'il n'y a pas eu
de troubles aux cérémonies de la religion, que dès
lors la loi du 20 avril 1825 n'est pas applicable,
Renvoie Robart de la plainte quant au premier
chef : quant au deuxième, le condamne à 2 mois
d'emprisonnement et à 16 francs d'amende.

Pourvoi en Cassation. — Arrêt de la Cour de
Cassation du 19 Mai 1827 : « Attendu que le Tribunal de Saint-Omer ayant reconnu Robart coupable
d'avoir empêché, retardé ou interrompu *l'exercice
du culte* catholique et lui ayant appliqué, à raison
de ce délit les dispositions de l'art. 261 du Code
pénal a fait une juste application de cet article,.....
qu'ainsi le jugement du Tribunal de Saint-Omer

est juste, régulier, conforme à la loi et inattaquable ,..... Rejette.

Aucun document de jurisprudence n'est venu contredire cet arrêt, qui attribue au catéchisme le caractère *d'exercice du culte*.

III

Publicité — Nous ne nous arrêterons pas longuement sur la question de la publicité qui peut se résoudre la plupart du temps en une question de pur fait.

Fabreguettes, dans son traité des infractions de la parole, constate que les clochers et *la sacristie* d'une église peuvent n'être pas des lieux publics ; si les sacristies peuvent exceptionnellement ne pas être des lieux publics, c'est donc qu'elles le sont à l'ordinaire.

(Fabreguettes, tome i, page 276, n° 738 2° ; Grellet-Dumazeau, tome i, n°s 153-154).

La loi du 9 Décembre 1905 porte en son article 25 que : « Les réunions pour la célébration d'un Culte tenues dans les locaux appartenant à une Association cultuelle ou mis à sa disposition sont publiques » Nous avons démontré que le catéchisme fait partie de l'exercice du Culte. Nous en concluons que la sacristie où l'on fait le catéchisme deviendrait, si elle ne l'était, un lieu public, par ce seul fait.

Il nous semble d'ailleurs que la publicité a été suffisamment définie par ce court dialogue entre l'abbé Gayraud et le Rapporteur à la Chambre dans la 2e séance du 22 Juin 1905.

M. GAYRAUD. — Vous dites qu'il suffit pour qu'elles (les cérémonies) aient le caractère de

publicité que *les portes n'en soient interdites à
personne*.

M. LE RAPPORTEUR. — Oui.

Un incident caractéristique au sujet de la
publicité de certaines cérémonies religieuses se
produisit à la Chambre des Députés dans la 2^e
séance du 26 juin 1905 : M. Georges Grosjean ayant
présenté entre les premier et deuxième paragraphes
de l'article 23 un amendement ainsi conçu : « Ne
sont pas considérés comme publics les baptêmes,
les mariages et les cérémonies funèbres ; non plus
que *les réunions pour l'enseignement des Catéchismes* », déclara ne pas maintenir son amendement avant toute discussion. N'est-on pas en droit
de penser que ce retrait équivaut à une capitula-
tion, et que M. Grosjean n'a pas osé affronter une
discussion qui eût abouti au rejet de son amendement et à la déclaration de publicité des cérémonies par lui visées, ainsi que des réunions pour
l'enseignement des catéchismes, conformément aux
principes qui sont l'esprit même de la loi de 1905 ?

Il ne fallait pas perdre les positions conquises
par MM. Auffray et Gayraud.

IV

CONCLUSION — Ainsi la jurisprudence est d'accord avec la doctrine pour considérer le Catéchisme comme un acte du Culte et pour dire que le prêtre qui l'enseigne aux enfants agit dans l'exercice du Culte.

D'autre part, nous croyons avoir démontré que la Sacristie est un lieu où s'exerce le Culte et est un lieu public. Si cette démonstration ne semblait pas suffisante, il nous paraît certain que le fait d'enseigner le catéchisme, acte d'exercice du Culte, dans la Sacristie, donnerait à cette dernière le caractère de lieu où s'exerce accidentellement et publiquement le Culte.

Si l'on tient compte de ces principes, la loi en discussion sur les entraves apportées à l'exécution de la loi scolaire de 1882 serait applicable au prêtre qui enseigne le catéchisme dans la sacristie. Il semble que cela ne puisse être mis en doute. Mais en raison des contradictions qui se sont produites lors de la discussion de la loi de 1905, en raison de l'ambiguité des déclarations fournies à la Chambre des Députés et au Sénat par divers orateurs dans les séances des 19, 22 Juin et 4 Décembre 1905, nous pensons **qu'il serait nécessaire que le Législateur de 1909 apportât sur ce point des précisions,** lorsqu'on discutera le projet de loi sur les entraves apportées à l'application de la loi du 28 Mars 1882.

LAON. — Imp. Paul COURTOY & Cᵉ

LAON. — Imprimerie Paul COURTOY & Cⁱᵉ.

www.ingramcontent.com/pod-product-compliance
Lightning Source LLC
Chambersburg PA
CBHW051203050726
47594CB00007B/3038